BEI GRIN MACHT SICH IHR WISSEN BEZAHLT

AF141054

- Wir veröffentlichen Ihre Hausarbeit, Bachelor- und Masterarbeit

- Ihr eigenes eBook und Buch - weltweit in allen wichtigen Shops

- Verdienen Sie an jedem Verkauf

Jetzt bei www.GRIN.com hochladen und kostenlos publizieren

Zwischen Legalität und Legitimität. Freiwillige Selbstverpflichtungen

Felix Hitzig

GRIN

Bibliografische Information der Deutschen Nationalbibliothek:

Die Deutsche Nationalbibliothek verzeichnet diese Publikation in der Deutschen Nationalbibliografie; detaillierte bibliografische Daten sind im Internet über http://dnb.d-nb.de abrufbar.

ISBN: 9783346448637
Dieses Buch ist auch als E-Book erhältlich.

Druck und Bindung: Books on Demand GmbH, Norderstedt Germany
Gedruckt auf säurefreiem Papier aus verantwortungsvollen Quellen

Das vorliegende Werk wurde sorgfältig erarbeitet. Dennoch übernehmen Autoren und Verlag für die Richtigkeit von Angaben, Hinweisen, Links und Ratschlägen sowie eventuelle Druckfehler keine Haftung.

Das Buch bei GRIN: https://www.grin.com/document/1036500

Zwischen Legalität und Legitimität: freiwillige Selbstverpflichtungen

Seminararbeit

an der Hochschule für öffentliche Verwaltung und Rechtspflege (FH), Fortbildungszentrum des Freistaates Sachsen

vorgelegt von
Felix Hitzig

Meißen, 6. Januar 2021

Abstract

Diese Seminarbeit gibt einen Überblick über die Motive und Ziele von Staat und Wirtschaft, eine Freiwillige Selbstverpflichtung (FSV) abzuschließen. Zudem wird der Frage nachgegangen, ob Verfassungsrecht und andere Rechtsgebiete betroffen sind und inwiefern Freiwillige Selbstverpflichtungen vergleichsweise effektiv und effizient sind. Die Arbeit wurde mit Hilfe von Literaturrecherche erstellt.

Es wird dargestellt, dass sich der Staat einen Zeitvorteil im Verhandlungsprozess und einen geringeren Kontrollaufwand in der Umsetzungsphase verspricht. Die Wirtschaft sieht insbesondere in den konkret auf ihre jeweilige Branche zugeschnittenen Regelungen ihren Vorteil.

Hinsichtlich des Verfassungsrechts werden Schwächen in Bezug auf die durch Freiwillige Selbstverpflichtungen zurückgedrängte Kontrolle der Legislative sowie auf die Wesentlichkeitstheorie erörtert. Diesbezüglich und betreffs weiterer Rechtsgebiete (insbesondere Haftungs- und Vertragsrecht) wird festgestellt, dass sich Freiwillige Selbstverpflichtungen in einer Grauzone bewegen.

Hinsichtlich der Effektivität wird festgestellt, dass Freiwillige Selbstverpflichtungen für sich genommen in der Theorie effektiv sein können, jedoch Praxisprobleme, wie Informationsasymmetrien oder Verzögerungstaktiken, letztlich überwiegen. Für die Effizienz wird dargelegt, dass diese zwar besser als bei einem Gesetzgebungsverfahren sein kann, jedoch diese Feststellung mangels Effektivität von FSV kaum Wert hat.

Im Fazit wird ein überwiegend negatives Urteil zu Freiwilligen Selbstverpflichtungen gezogen. Ausschlaggebend sind die ungeklärten Rechtsverhältnisse sowie die zu starke Abgabe von Verantwortung vom Staat an die Wirtschaft.

Inhaltsverzeichnis

Abkürzungsverzeichnis

Abkürzung	Erläuterung
AEUV	Vertrag über die Arbeitsweise der Europäischen Union
BGH	Bundesgerichtshof
FSV	Freiwillige Selbstverpflichtung
GWB	Gesetz gegen Wettbewerbsbeschränkungen
LG	Landgericht

1 Einleitung

In vielen Alltagsbereichen werden wir mit freiwilligen Selbstverpflichtungen (FSV) konfrontiert. Die Anwendung von FSV wird dabei teilweise höchst kontrovers diskutiert. So wird den Unternehmen mitunter vorgeworfen, die FSV lediglich zu Werbezwecken (Greenwashing) für eine gute Marktpositionierung zu nutzen (Beckers 2015a). Dem Staat wird hingegen beispielsweise vorgeworfen, FSV seien systemfremd und unwirksam und daher als Politikmittel ungeeignet (Eickhof 2003: 3). Dabei beschränken sich FSV nicht mehr nur auf reine Umweltpolitik, sondern sollen heute auch andere Transformationsprozesse, beispielsweise in den Bereichen des Mobilfunks oder für Arbeitsbedingungen in der Fleischwirtschaft, regeln.

Zielsetzung dieser Arbeit ist, zunächst zu klären, welche Motive die FSV-Partner haben, worin der staatliche Eingriff besteht sowie auf welchen gesetzlichen Grundlagen der Staat dabei handelt und ob Rechte Dritter von FSV berührt werden (Legalität). Anschließend wird beurteilt, ob FSV ein effektives und effizientes Mittel des Staates für einen staatlichen Eingriff darstellen und insoweit anerkennungswürdig sein können (Legitimität). Die Seminarbeit bezieht sich dabei schwerpunktmäßig auf theoretische Ansätze und praxisnahe Erwägungen. Konkrete Fallbeispiele werden mit Blick auf den beabsichtigten Umfang der Seminarbeit nur exemplarisch angeführt. Im Fazit werden schließlich übergreifend die Stärken und Schwächen von FSV abgewogen.

2 Definition, Synonyme und Abgrenzung

Der Begriff „Freiwillige Selbstverpflichtung" ist in der Literatur nicht eindeutig definiert. In dieser oder sehr ähnlicher Bedeutung werden häufig auch Begriffe wie „Branchenabkommen", „freiwillige Vereinbarung", „Verbändevereinbarung" oder auch „Verhaltenskodex" verwendet. (Kupke 2003: 2)

Bei der Recherche zu dieser Seminararbeit fällt auf, dass bis Anfang der 2000er Jahre zur Definition von FSV noch weitgehend unbestritten und undifferenziert das Merkmal der Rechtsunverbindlichkeit gehörte (vgl. Niestrat 2005: 4 und Eickhof 2003: 2). In der Gegenwart scheint dieser Umstand insbesondere mit Verweis auf die zum Teil immense gesellschaftliche Verantwortung von Großunternehmen zunehmend kritisch hinterfragt oder zumindest vielfältiger diskutiert zu werden (vgl.

Beckers, 2015b: 1). Gerichtsverfahren bzw. -urteile zu Selbstverpflichtungen – beispielsweise zu FSV von Kreditinstituten für ein sog. „Jedermann-Konto" oder von Druckerherstellern zur Recyclingfähigkeit von Tonern – stützen diese Einschätzung (LG Bremen, 16.06.2005 – 2 O 408/05 und BGH, 24.10.2017 – X ZR 55/16).

So kann man festhalten, dass die Defintion von FSV zumindest hinsichtlich der Rechtsverbindlichkeit einer gewissen – wenn auch langatmigen – Dynamik zu unterliegen scheint. Ferner entsteht mit Blick auf die vorgenannten Literaturquellen der Eindruck, dass unter „Rechtsverbindlichkeit" früher eher nur die Frage der Justiziabilität unter den FSV-Partnern und einer strafrechtlichen Relevanz verstanden wurde, heute aber zudem ein mögliches Rechtsschutzbedürfnis Dritter verstärkt in Rede gebracht wird (vgl. vorgenanntes Beispiel zum Jedermann-Konto).

Auch kann eine allgemeine Unverbindlichkeit im Sinne einer Konsequenzlosigkeit bei Zielverfehlung nicht uneingeschränkt bejaht werden, da bei Nichterreichen der Zielvorgaben beispielsweise Reputationsschäden für die betreffenden Unternehmen drohen (Güthner 2017: 7).

Als weitgehend unstreitig kann daher lediglich angesehen werden, dass FSV – formal gesehen – freiwillig eingegangene Verpflichtungen mit Ziel- und -Zeitvorgaben darstellen. Für diese Seminararbeit wird der Blick auf bilaterale FSV zwischen Staat und Wirtschaft fokussiert. Nicht näher betrachtet werden demzufolge autonome – d.h. ohne jedes staatliche Mitwirken erfolgte – Verpflichtungserklärungen und rechtlich bindende Verträge.

3 Motive, Ziele, Eingriffsfunktion

Staat und Wirtschaft sehen in bestimmten Fällen offensichtlich Vorteile darin, bestimmte politische Ziele über den Abschluss einer FSV zu vereinbaren, anstatt diese durch ein Gesetz zu regeln. Interessant sind demnach insbesondere die individuellen Ziele und Motive von Staat und Wirtschaft und zu klären, worin der Eingriff des Staates gesehen werden kann.

3.1 Staat

Für den Staat können FSV in mehrfacher Hinsicht vorzugswürdig gegenüber einer gesetzlichen Regelung sein. So wird beispielsweise ein zeitaufwendiges und mit diversen Unsicherheiten verbundenes Gesetzgebungsverfahren umgangen. In der Umsetzungsphase der FSV reduziert sich der Kontroll- und Verwaltungsaufwand für den Staat regelmäßig sehr stark, da diese Funktionen meist schwerpunktmäßig von der Wirtschaft übernommen werden oder der Staat die Kontrolle mittelbar über extern vergebene Studien zur Frage der Wirksamkeit der FSV ausübt. Ferner verspricht sich der Staat auch die Vorbeugung von Rechtsstreitigkeiten, da potenzielle Streitpartner bei FSV von Beginn an einbezogen sind und Konfliktpotenzial somit direkt ausgeräumt werden kann. (Kupke 2003: 5 f.)

Weiter ist anzumerken, dass der Staat mit dem Abschluss einer FSV öffentlichkeitswirksam den Willen zeigt, der Wirtschaft zunächst freie Mittelauswahl zur Zielerreichung zu lassen und damit möglichst wirtschaftsfreundlich und kooperativ zu agieren. (Güthner 2017: 40)

Mit FSV kann auch der Bevölkerung der Handlungsbedarf für ein bestimmtes Thema – bspw. die Notwendigkeit, den Plastiktütenverbrauch zu reduzieren – aufgezeigt werden, ohne gleich ein (Verbots-)Gesetz auf den Weg zu bringen (vgl. „Nudging"[1]). Letztlich kann hiermit auch eine Akzeptanz in der Bevölkerung für ein bei Nichterreichung der Ziele einzuleitendes Gesetzgebungsverfahren erreicht werden. Die FSV wird hier vom Staat als von vornherein nicht auszuschließender Zwischenschritt betrachtet (Clausen, Zundel 1995: 10).

Nachdem der Staat / die Regierung auf einem bestimmten Handlungsfeld – beispielsweise der Umweltpoltik, CO_2-Reduzierung – die Notwendigkeit eines Eingriffs bzw. einer Steuerung sieht, erfolgt der Eingriff in die Belange der Wirtschaft durch die Zielvorgaben der FSV, begleitet durch das Drohpotenzial des Staates, ein Gesetzgebungsverfahren einzuleiten, falls die Wirtschaft nicht kooperationsbereit ist. Der FSV wird vor diesem Hintergrund die Freiwilligkeit im engeren Sinne teilweise abgesprochen, da es ein Über-/Unterordnungsverhältnis zwischen den

---

[1] „Beim Nudging (engl. "nudging" für "Anstoßen", "Schubsen" oder "Stupsen") bewegt man jemanden auf mehr oder weniger subtile Weise dazu, etwas Bestimmtes einmalig oder dauerhaft zu tun oder zu lassen." (vgl. Wirtschaftslexikon Gabler, Stichwort: Nudging)

FSV-Partnern gibt und man daher einen gewissen Kooperationsdruck unterstellt. (Holzhey, Tegner 1996: 425 f.)

Kritiker werfen dem Staat insbesondere vor, er missbrauche FSV bewusst, um Verantwortung abzuschieben (Holzhey, Tegner 1996: 429 f.) oder mit FSV neue Rahmenbedingungen zu schaffen, ohne dafür politische Mehrheiten – wie sie für ein Gesetz notwendig wären – hinter sich zu wissen bzw. sogar zu ahnen, dass es diese nicht geben würde (Clausen, Zundel 1995: 10)

3.2 Wirtschaft

Für die Wirtschaft besteht der allgemeine Vorteil von FSV gegenüber einem Gesetzgebungsverfahren darin, direkt am Verhandlungstisch mit dem Staat zu sitzen. Die zu vereinbarenden Anforderungen können damit unmittelbar von den Wirtschaftsvertretern mitbestimmt werden. Zudem ist die Wirtschaft – wie bereits oben erwähnt – regelmäßig frei in der Mittelwahl zur Zielerreichung, was in der Praxis insbesondere eine deutlich bessere Kosteneffizienz bedeutet. (Güthner 2017: 38 f.)

Durch die Teilnahme der Wirtschaftsvertreter kann auch eine Steigerung der Fachkompetenz für den Verhandlungsvorgang der FSV unterstellt werden. Durch abgestimmte Festschreibungen von Zeitschienen kann die Wirtschaft Planungssicherheit erlangen und gegebenenfalls den Stand der Technik für eine bestimmte Zeit festschreiben (Kupke 2003: 5 f.). Die Motivation der Wirtschaft eine FSV einzugehen, dürfte zudem auch im Bereich des strategischen PR-Managements liegen. Unternehmen mit Tätigkeitsbezug zum Umweltbereich erhoffen sich einen positiven „Grünen Anstrich" und damit eine bessere Marktposition (Beckers 2015a).

Kritiker schätzen es als negativ ein, dass die Wirtschaft nicht mit strafrechtlichen oder sonstigen unmittelbar belastendenen Konsequenzen zu rechnen hat, falls sie Vorgaben, die einzig in der FSV festgehalten sind bzw. nicht gesetzlicher Natur sind, nicht einhält (Güthner 2017: 38 f.). In Betracht kommen könnten aber negative Auswirkung auf das Image des Unternehmens, weil dieses dann als nicht zuverlässig eingeschätzt werden könnte. (Güthner 2017: 9)

4 Legalität – Rechtliche Bewertung

Vor dem Hintergrund, dass FSV eine zumeist starke Bedeutung für gesamtgesell-schaftliche Themen entfalten sollen, stellt sich die Frage, inwieweit das diesbezüg-liche Agieren des Staats auf gesetzlichen Grundlagen beruht oder auch rechtliche Belange Dritter berührt. Im Folgenden werden dafür verfassungsrechtliche sowie vertrags-, haftungs- und wettbewerbsrechtliche Belange geprüft.

4.1 Verfassungsrecht

Vorauszuschicken ist, dass sich im Grundgesetz der Bundesrepublik Deutschland keine spezielle Norm für FSV findet. Zudem ist festzustellen, dass das Bundesver-fassungsgericht nach der Wesentlichkeitstheorie die Auffassung vertritt, dass we-sentliche Entscheidungen einem Gesetzesvorbehalt unterliegen und damit ledig-lich vom Parlament getroffen werden sollen (Wirtschaftslexikon Bundeszentrale für politische Bildung, Stichwort: Wesentlichkeitstheorie).

Die Verhandlungen für FSV zwischen Wirtschaft und Staat bzw. dem jeweils zu-ständigen Ministerium finden regelmäßig unter Ausschluss der Öffentlichkeit statt. Da die Verhandlungen somit rein in der Sphäre der Exekutive ablaufen, unterliegt dieses Handeln der Regierung auch keiner demokratischen Kontrolle durch ein Parlament (Kupke, 2003: 9). Dem Parlament bzw. der Legislative werden demnach verfassungsrechtlich zugewiesene Gestaltungsrechte beschnitten bzw. partiell gänzlich vorenthalten. Es kommt somit zu einer Einschränkung der Gewaltentei-lung.

Kritisch ist zudem zu bewerten, dass Regierungen FSV häufig mit einem zeitlichen Horizont, der über den Zeitraum der eigenen Legislatur hinausgeht, abschließen. Fraglich ist demnach, ob es verfassungskonform ist, wenn eine Regierung durch den Abschluss derartiger bilateraler Arrangements – und häufig mit einer starken gesellschaftlichen Bedeutung – auch künftige Regierungen und Parlamente in ih-ren freien Handlungsspielräumen bindet oder zumindest behindert (Eickhof 2003: 8). Gegenargumentieren könnte man dahingehend, dass die FSV auch für die staatliche Seite und die Legislative unverbindlich sind und Gesetzgebungsverfah-ren dennoch eingeleitet werden könnten. Jedoch würde dieser Denkansatz bei konsequenter Verfolgung letztlich zu einer Entwertung der Legislative führen (Jung 2002: 350 f.).

Ferner können sich verfassungsrechtliche Risiken für Verbände ergeben, etwa wenn sie ihre Mitglieder mit einer FSV zu weitgehend in ihrer unternehmerischen Freiheit einschränken. Dagegen könnte man das Argument halten, dass das jeweilige Unternehmen aus dem Verband austreten könnte – was jedoch auch mit Nachteilen verbunden sein kann. (Kupke 2003: 9)

Insgesamt werden die verfassungsrechtlichen Bedenken daher als beachtlich eingestuft. Insbesondere hinsichtlich der Wesentlichkeitstheorie ist fraglich, ob der Staat verfassungskonform handelt, wenn er FSV mit weitgehendem und bedeutendem Regelungsgehalt – beispielsweise bei Klimafragen, welche die gesamte Bevölkerung betreffen – ohne Beteiligung der Legislative abschließt.

4.2 Vertrags-, haftungs- und wettbewerbsrechtliche Belange

Wie bereits für das Gebiet des Verfassungsrechts festgestellt, bestehen auch auf den Gebieten des Vertrags-, Haftungs- und Wettbewerbsrechts keine spezialgesetzlichen Regelungen für FSV.

Mit Blick auf das Vertrags- und Haftungsrecht stellt sich die Frage, ob die Umsetzung von selbst auferlegten Zielen der Unternehmen – sei es bspw. zu Arbeitsbedingungen im In- oder Ausland oder zu Umweltthemen – rechtlich, insbesondere durch Dritte, einklagbar sein kann oder deren Verfehlung zumindest einen Anspruch auf Schadensersatz begründen kann. So scheint es doch immerhin denkbar, dass sich Nutzer oder Konsumenten auf das Versprechen eines Herstellers verlassen haben und im Vertrauen darauf einen Schaden erlitten haben, der nicht eingetreten wäre, hätte das Unternehmen das Versprechen eingelöst. (Beckers 2015b: 8 f.)

Hierbei scheint unerheblich, ob es sich um zweiseitige FSV (Staat/Wirtschaft) oder um einseitige Selbstverpflichtungen von Unternehmen (insb. Unternehmenskodizes) handelt, da es für einen potenziell in seinen Rechten verletzten Dritten zunächst nicht von Belang sein dürfte, ob an dem Zustandekommen des „Versprechens" eines Unternehmens eine weitere Partei beteiligt war.

Auch unter wettbewerbsrechtlicher Sichtweise ergeben sich Fragen in Bezug auf FSV. So sind nach Art. 101 Abs. 1 AEUV insbesondere Vereinbarungen zwischen Unternehmen, Beschlüsse von Unternehmensvereinigungen und aufeinander abgestimmte Verhaltensweisen, welche eine Verhinderung, Einschränkung oder Verfälschung des Wettbewerbs bezwecken oder bewirken verboten. Art. 101 Abs. 3 AEUV regelt Ausnahmetatbestände, wonach derartige Vereinbarungen zulässig sein können, beispielsweise wenn sie den technischen Fortschritt fördern. In der Praxis wird diese Regelung als gesetzliche Legitimation hinsichtlich des Wettbewerbsrechts herangezogen. Gleiches regelt §1 GWB (Kupke 2003: 9). Unternehmen können jedoch nach Wettbewerbsrecht verklagt werden, wenn Sie mit selbst auferlegten Unternehmenskodizes werben, diese jedoch nicht einhalten (Beckers 2015b: 8). Fraglich ist, ob dies auch für bilaterale FSV gelten kann.

Insgesamt wird der Regelungsbedarf hinsichtlich vertrags-, haftungs- und wettbewerbsrechtlicher Belange daher als beachtlich eingestuft.

5 Legitimität – Berechtigung und Anerkennungswürdigkeit von FSV

Mit Blick auf den vorangegangenen Abschnitt und die dort festgestellten regulatorische Defizite von FSV, stellt sich nun um so mehr die Frage, ob FSV unter bestimmten Gesichtspunkten legitim und somit trotz regulatorischer Schwächen ein probates Mittel der Poltik sein können. Für Legitimität existieren verschiedene, kontextabhängige Defintionen. Für diese Seminararbeit soll unter Legitimität die Anerkennungswürdigkeit des Verwaltungshandelns des Staates, im Unterschied zur formalen Gesetzmäßigkeit (Legalität) verstanden werden (Lexikon DeWiki, Stichwort: Legitimität). Konkret wird nachfolgend geprüft und beurteilt, ob der Einsatz von FSV ein effektives und effizientes und damit unter diesen Gesichtspunkten anerkennungswürdiges Mittel für einen staatlichen Eingriff darstellt. Entsprechendes wird zunächst in der idealen Theorie bewertet und anschließend um praktische Erwägungen ergänzt.

5.1 Effektivität

Effektivität ist allgemein ein Beurteilungskriterium, mit dem sich beschreiben lässt, ob eine Maßnahme geeignet ist, ein vorgegebenes Ziel zu erreichen (Wirtschaftslexikon Gabler, Stichwort: Effektivität). Es geht hier demnach lediglich um die Frage, ob Ziele – gemeint sind die Ziele des Staates – mit FSV erreicht werden können. Aufwand und Geschwindigkeit der Verhandlung von FSV gehören demnach nicht zur Frage der Effektivität.

Die Verhandlungen zu FSV finden regelmäßig unter Ausschluss der Öffentlichkeit statt (Kupke 2003: 9). Demnach ist auch unbekannt, welche höchst originären Zielvorstellungen der Staat – und genau daran müsste die Effektivität von FSV primär gemessen werden – zu Beginn von FSV-Verhandlungen hat. Gegebenenfalls hat der Staat auch keine konkreten Zielvorstellungen, sondern möchte lediglich der Wirtschaft ein Maximum an Zugeständnissen abringen (bspw. Reduzierung CO_2-Ausstoß).

Eine Beurteilung der Effektivität anhand originärer Zielvorstellungen des Staates ist demnach nicht möglich. Es kann jedoch behelfsweise davon ausgegangen werden, dass der Staat einen erheblichen oder zumindest politisch gerade noch verkraftbaren Teil seiner Zielvorstellungen in der ausverhandelten FSV wiederfinden kann, da anderenfalls kaum Motivation für den Abschluss einer solchen bestehen dürfte. Die Frage der Effektivität richtet sich im Folgenden daher zunächst auf die final vereinbarten Ziele einer FSV an sich.

Diese final vereinbarten Ziele müssen für die Wirtschaft erreichbar sein. Es ist anzunehmen, dass die Wirtschaft am ehesten – wenn auch nicht immer treffsicher – weiß, wo die Schmerzgrenze ihres Sektors liegt. Kritiker halten dem entgegen, dass diese Schmerzgrenze wohl nicht immer offenbart wird und zudem nicht Maßstab für politische Entscheidungen sein kann (Holzhey, Tegner 1996: 426). Gleichwohl – oder gerade deswegen – kann angenommen werden, dass die final vereinbarten Ziele für die Wirtschaft nicht von vornherein unerreichbar sind. Die Erreichbarkeit kann damit bejaht werden.

Die festgelegten Ziele müssen zudem hinsichtlich ihrer Erreichung auch gemessen werden können. Die Messmethode – oder auch Monitoring genannt – wird häufig ebenfalls in der FSV vereinbart. Die Verbandsorganisation übernimmt oft selbst das Monitoring, da dort auf bereits bestehende Infrastruktur zugegriffen werden kann (Kupke 2003: 14). Gegebenenfalls kann die Zielerreichung auch durch Studien externer Dienstleister zu einem definierten Zeitpunkt bewertet werden. Die Messbarkeit kann damit bejaht werden.

Zusammenfassend kann für die Effektivität – in der Theorie – insoweit festgestellt werden, dass FSV grundsätzlich und für sich genommen effektiv sein können, da sie erreichbare und messbare Ziele erwarten lassen.

Neben diesen theoretischen Erwägungen kommen jedoch aus der Praxis weitere Aspekte hinzu, welche die Effektivität betreffen. So vertreten Kritiker von FSV die Haltung, dass bereits im Verhandlungsprozess ein deutliches Informationsdefizit auf Seiten des Staats zum Tragen kommt (Holzhey, Tegner 1996: 426 f.) und der gesamte Verhandlungsprozess damit verwässert und gegebenfalls bewusst verzögert werden kann und letztlich zu selten konkret überprüfbare Ziele erbringt (Söllner 2002: 481).

So kann die Wirtschaftsseite beispielsweise durch bessere Fachkenntnisse glaubhaft mit dem Verlust von Arbeitsplätzen drohen, falls seitens des Staats zu anspruchsvolle Anforderungen eingebracht werden (vgl. Punkt 3.2). Hieraus kann sich eine unnötig starke Abschmelzung einst hoch gesteckter Ziele des Staats ergeben. Das Drohpotenzial des Staates – ein Gesetzgebungsverfahren einzuleiten – vermag hier kaum ausgleichend zu wirken, da es rein allgemeiner Natur ist und der Staat offenkundig auch kein Gesetzgebungsverfahren möchte (vgl. Punkt 3.1).

Außerdem kommen den Fragen nach drohenden staatlichen Sanktionsmöglichkeiten oder Imageschäden für die Unternehmen bei Nichterreichung der Ziele eine bedeutende Rolle zu (vgl. insb. Punkt 3.2). Unternehmen bestehen dem Grunde nach, um Gewinne zu erwirtschaften. Die eingegangenen FSV stellen hierbei vereinfacht gesagt ein Hindernis dar und es dürfte sich den Unternehmen/Verbänden für jede FSV die Frage stellen: Was wiegt schwerer, der Aufwand zur Zielerreichung und der damit verbundene Nutzen oder der drohende Schaden bei einer Zielverfehlung (Güthner 2017: 38 f.)? So ist beipielsweise vorstellbar, dass für die Wirtschaftsseite eine Zielverfehlung ein durchaus kalkuliertes Ergebnis des FSV-Verfahrens sein kann. Die Wirtschaft gewinnt damit zumindest Zeit und könte aus guten Gründen (s. vorgenanntes Drohpotenzial der Wirtschaftsseite) spekulieren, dass eine sich anschließende gesetzliche Regelung auch nicht weitgehender als die Vereinbarungen aus der FSV ist – lediglich sodann mit staatlichen Sanktionsmöglichkeiten. Als Beispiel kann hierfür das Scheitern der FSV für eine Mehrwegquote herangezogen werden (Cansier 2001: 389 ff.).

Insgesamt ist daher festzuhalten, dass die Effektivität stark einzelfallabhängig, jedoch insgesamt als tendenziell gering einzustufen ist. Sie liegt jedenfalls eher in der Hand der Wirtschaft als in der Hand des Staates. Auch dieser Umstand ist aus staatlicher Sicht als ungünstig einzustufen.

5.2 Effizienz

Eine hohe Effizienz bedeutet, etwas mit möglichst wenig Zeit-, Material- und/oder Personaleinsatz umzusetzen oder abzuarbeiten (Lexikon Welt der BWL, Stichwort: Effizienz). Bezogen auf FSV ist demnach zu beurteilen, ob der Staat mit FSV weniger Arbeits- und Zeitaufwand bei der Herstellung und Umsetzung einer Regelungslage hat, als dies mit einem Gesetzgebungsverfahren der Fall wäre. Dafür wäre zunächst eine gleichwertige Effektivität von Gesetzgebungsverfahren und FSV-Verfahren vorauszusetzen, da nur dann die Effizienz beider Verfahrensarten sinnvoll miteinander verglichen werden kann. Für das Gesetzgebungsverfahren kann eine hohe Effektivität angenommen werden, da die Adressaten der Gesetze an diese gebunden sind bzw. ihnen bei Zuwiderhandlung Strafen drohen. Demgegenüber – vgl. Fazit Punkt 5.1 – kann der FSV lediglich eine geringe Effektivität zugeschrieben werden. Der nachfolgende Vergleich ist daher nur unter der Annahme des Ideals möglich, dass eine FSV stark von den originären Zielen des Staates geprägt ist, diese weitgehend wie vereinbart umgesetzt werden (d.h. hohe Effektivität) und ein Gesetzgebungsverfahren damit letzendlich entbehrlich ist.

Die Vorteile der FSV hinsichtlich der Effizienz ergeben sich – wie bereits unter Punkt 3.1 erläutert – für den Staat sowohl aus der Verhandlungs- als auch aus der Umsetzungsphase. In der Verhandlungsphase wird ein arbeits- und zeitaufwendiges parlamentarisches Verfahren umgangen und das zuständige Ministerium vermeidet insoweit eine Belastung. In der Umsetzungsphase übernimmt häufig die Wirtschaftsseite oder ein externer Dienstleister das Monitoring, sodass – anders als es häufig bei Gesetzen der Fall ist – keine zusätzliche Behördenstruktur aufgebaut werden muss (Kupke 2003: 5 f.). Kritiker argumentieren, der Zeitbedraf für eine FSV hänge in der Praxis von weiteren Faktoren, wie Gegensätzlichkeit der Positionen, Entscheidungsreife oder Verhandlungsstrategien (auch Verzögerungstaktiken denkbar) ab und FSV seien demnach nicht immer der schnellere Weg (Niestrat 2005: 7)

Für die Wirtschaft ergeben sich Effizienzvorteile vorrangig in der Umsetzungsphase von FSV, da die Wirtschaft regelmäßig frei in der Mittelwahl zur Zielerreichung ist, was eine deutlich bessere Kosteneffizienz erwarten lässt (Güthner 2017: 40). Zudem sind die vereinbarten Ziele durch die Mitwirkung der Wirtschaft gegebenenfalls wirtschaftsfreundlicher formuliert, was ebenfalls Kostenvorteile erwarten lässt (vgl. Punkt 3.2 bzw. Punkt 5.1).

Die Effizienz für die Herstellung einer Regelungslage mittels FSV ist daher im Vergleich zu einem Gesetzgebungsverfahren – in der Theorie – insgesamt als gehoben einzustufen. Relativierend ist jedoch festzuhalten, dass eine hohe Effizienz bei gleichzeitig geringer Effektivität (vgl. Punkt 5.1) wenig Wert hat. So ist zu befürchten, dass Regelungsprozesse mit FSV zwar anfänglich dem Anschein nach schneller vonstattengehen, jedoch letztlich zeit- und arbeitsaufwendiger sind, wenn sie nach fehlgegangener Umsetzungsphase noch in ein Gesetzgebungsverfahren münden.

6 Fazit

Der Staat macht von Freiwilligen Selbstverpflichtungen Gebrauch, weil er den Bedarf eines Eingriffs sieht und diesen damit effektiv und effizient sowie letztlich auch in Kooperation mit der Wirtschaft umsetzen möchte. Unbestritten ist dabei freilich, dass der Staat hierbei verfassungsrechtliche Rahmenbedingungen und weitere gesetzliche Normen zu beachten hat. Dies gilt umso mehr, wenn mit FSV gesellschaftliche Belange von herausgehobener Bedeutung – beispielsweise Klimaschutz oder Arbeitsbedingungen – geregelt werden sollen.

Daran gemessen, ist bei der Gesamtbewertung des Instruments der Freiwilligen Selbstverpflichtung ein überwiegend kritisches bis negatives Fazit zu ziehen. FSV bewegen sich weder hinsichtlich Legalität noch Legitimität auf uneingeschränkt solidem Boden.

Freiwillige Selbstverpflichtungen bewegen sich verfassungsrechtlich und auf betroffenen Rechtsgebieten wie dem Haftungs- und Vertragsrecht in einer weitgehend unregulierten Grauzone. So werden beispielsweise dem Parlament verfassungsrechtlich zugeschriebene Gestaltungsrechte vorenthalten und es kommt damit zu einer Einschränkung der Gewaltenteilung. Spezialgesetzliche Regelungen

sind nicht vorhanden, sodass potenziell geschädigte Dritte gar nicht oder nur ein-
geschränkt ihre Rechte geltend machen können und sich dabei noch mit mächti-
gen Konzernen und dem Staat konfrontiert sehen.

Auch die Bewertungen der Effektivität und der Effizienz rücken FSV nicht in ein
besseres Licht. Es wurde gezeigt, dass der Staat mit FSV nicht sicherstellen kann,
dass die darin vereinbarten Ziele auch tatsächlich umgesetzt werden. Das „Drohpotenzial" des Staates hat nicht per se genügend Gewicht. Demgegenüber steht
die Wirtschaft, die regelmäßig fachlich versierter argumentieren und drohen kann.
Letztlich droht der Wirtschaft zudem kein oder kein nennenswerter Schaden bei
Nichterreichung der Zielvereinbarungen.

Das Grundproblem von FSV besteht im Fehlen einer belastenden Konsequenz für
die Wirtschaft im Falle einer Zielverfehlung. Hier könnte der Staat Abhilfe schaffen,
indem spezialgesetzliche Regelungen geschaffen werden oder empfindlichen
Strafandrohungen zur Disziplinierung der Wirtschaft in FSV implementiert werden.
Fraglich bleibt, ob die Wirtschaft dann immer noch einen Überhang an Vorteilen in
FSV sieht.

Unbestreitbar und positiv scheint jedoch zumindest, dass mit FSV auch gesamt-
gesellschaftlich relevante Transformationsprozesse wirtschaftsfreundlich eingeleitet worden sind und die Bevölkerung hierdurch Denkanstöße für den Alltag erhal-
ten hat, ohne unmittelbar mit Gesetzen konfrontiert zu werden (bspw. Reduzierung
Verbrauch von Plastiktüten). Gleichwohl stellt ein reguläres Gesetzgebungsverfahren den jedenfalls verfassungskonformen und transparenteren Weg einer Ent-
scheidungsfindung dar und dürfte insoweit einer lobhaften und vielfältigen politi-
schen Diskussionskultur sowie der Akzeptanz politischer Entscheidungsprozesse
in Deutschland allgemein eher zuträglich sein.

Literaturverzeichnis

Beckers, Anna: Von Firmen und deren Selbstverpflichtungen. *Frankfurter Rundschau.* 23.12.2015a, verfügbar unter: https://www.fr.de/meinung/firmen-deren-selbstverpflichtungen-11162621.html [Zugriff am 27.12.2020]

Beckers, Anna: *Globale Unternehmenskodizies und nationales Privatrecht: Sollten private Selbstverpflichtungen zu gesellschaftlicher Unternehmensverantwortung (CSR) rechtlich durchsetzbar sein?.* 2015b, verfügbar unter: https://www.koerber-stiftung.de/fileadmin/user_upload/koerber-stiftung/redaktion/deutscher-studienpreis/pdf/2015/Beitrag_Beckers_2015-11-05.pdf [Zugriff am 28.12.2020]

Bundeszentrale für politische Bildung (Hrsg.): *Wirtschaftslexikon*, Stichwort: Wesentlichkeitstheorie, verfügbar unter: https://www.bpb.de/nachschlagen/lexika/recht-a-z/23245/wesentlichkeitslehre [Zugriff am 8.12.2020]

Cansier, Dieter: Selbstverpflichtung der Wirtschaft und Einhaltung der Mehrwegquote. *Wirtschaftsdienst,* 81. Jahrgang, 2001, Heft 7, S. 389-394, verfügbar unter: https://www.econstor.eu/bitstream/10419/40833/1/340560398.pdf [Zugriff am 28.12.2020]

Clausen, Jens: Zundel, Stefan: Freiwiliige Selbstverpflichtungen – Versuch einer Neubewertung. *IÖW/VÖW-Informationsdienst.* 10.Jg. 2/1995 S. 9-11, verfügbar unter: https://www.researchgate.net/publication/277196637_Freiwillige_Selbstverpflichtungen_-_Versuch_einer_Neubewertung [Zugriff am 28.12.2020]

DeWiki: DeWiki Lexikon, Stichwort: Legitimität, verfübar unter: https://dewiki.de/Lexikon/Legitimität [Zugriff am 10.12.2020]

Eickhof, Norbert: Freiwillige Selbstverpflichtungen aus wirtschaftswissenschaftlicher Sicht, in: *Volkswirtschaftliche Diskussionsbeiträge*, Nr. 61, Potsdam 2003, verfügbar unter: https://publishup.uni-potsdam.de/opus4-ubp/frontdoor/deliver/index/docId/1274/file/vwd61.pdf [Zugriff am 28.12.2020]

Güthner, Stefanie: *Freiwillige Selbstverpflichtung im Spannungsfeldzwischen gesellschaftlicher Verantwortung und ökonomischem Interesse.* Furtwangen 2017, verfügbar unter: https://opus.hs-furtwangen.de/frontdoor/deliver/index/docId/2580/file/Bachelorarbeit_Stefanie+G%c3%bcthner_Letzte+Version.pdf [Zugriff am 28.12.2020]

Holzhey, Michael; Tegner, Henning: Selbstverpflichtungen - ein Ausweg aus der umweltpolitischen Sackgasse?. In: *Wirtschaftsdienst*, 76. Jahrgang, 1996, Heft 8, S. 425-430, verfügbar unter: https://www.econstor.eu/bitstream/10419/137382/1/wd_v76_i08_pp425-430.pdf [Zugriff am 25.12.2020]

Janedu UG (Hrsg.): Welt der BWL - Lexikon, Stichwort: Effizienz, verfügbar unter: https://www.welt-der-bwl.de/Effizienz [Zugriff am 10.12.2020]

Jung, Volker: Selbstverpflichtungen sind kein Königsweg!, in: *Wirtschaftsdienst*, 82. Jahrgang, 2002, Heft 6, S. 349–351, verfügbar unter: https://www.wirtschaftsdienst.eu/inhalt/jahr/2002/heft/6/beitrag/selbstverpflichtungen-sind-kein-koenigsweg.html [Zugriff am 28.12.2020].

Kupke, Sören: *Freiwillige Selbstverpflichtungen als Alternative zur staatlichen Wirtschaftspolitik.* Potsdam 2003.

Niestrat, Felix: *Selbstverpflichtungen statt Ordnungsrecht?* Potsdam 2005, verfügbar unter: http://www.profpetersen.de/HGP-Homepage/protected/ws0506/seminar-umwelt/Felix_Niestrat_Selbstverpflichtungen.pdf [Zugriff am 25.12.2020]

Söllner, Fritz: Die Selbstverpflichtung als umweltpolitisches Instrument. in: *Wirtschaftsdienst*, 82. Jahrgang, 2002, Heft 6, S. 478-485, verfügbar unter: https://www.econstor.eu/bitstream/10419/41229/1/353254525.pdf [Zugriff am 25.12.2020]

Springer Gabler Verlag (Hrsg): Gabler Wirtschaftslexikon, Stichwort: Effektivität, verfügbar unter: https://wirtschaftslexikon.gabler.de/definition/effektivitaet-33138/version-256665 [Zugriff am 5.12.2020]

Springer Gabler Verlag (Hrsg): Gabler Wirtschaftslexikon, Stichwort: Nudging, verfügbar unter: https://wirtschaftslexikon.gabler.de/definition/nudging-99919/version-331165 [Zugriff am 28.11.2020]

www.dewiki.de/Lexikon/Legitimität

Rechtsprechungsverzeichnis

Bundesgerichtshof, Urteil v. 24.10.2017 (Az. X ZR 55/16)

Landgericht Bremen, Urteil v. 16.06.2005 (Az. 2 O 408705)

Rechtsquellenverzeichnis

Vertrag über die Arbeitsweise der Europäischen Union, in der Fassung aufgrund des am 1.12.2009 in Kraft getretenen Vertrages von Lissabon (Konsolidierte Fassung bekanntgemacht im ABl. EG Nr. C 115 vom 9.5.2008, S. 47), zuletzt geändert durch die Akte über die Bedingungen des Beitritts der Republik Kroatien und die Anpassungen des Vertrags über die Europäische Union, des Vertrags über die Arbeitsweise der Europäischen Union und des Vertrags zur Gründung der Europäischen Atomgemeinschaft (ABl. EU L 112/21 vom 24.4.2012) m.W.v. 1.7.2013

Gesetz gegen Wettbewerbsbeschränkungen in der Fassung der Bekanntmachung vom 26. Juni 2013 (BGBl. I S. 1750, 3245), zuletzt geändert durch Artikel 7 des Gesetzes vom 26. November 2020 (BGBl. S. 2568)

BEI GRIN MACHT SICH IHR WISSEN BEZAHLT

- Wir veröffentlichen Ihre Hausarbeit, Bachelor- und Masterarbeit

- Ihr eigenes eBook und Buch - weltweit in allen wichtigen Shops

- Verdienen Sie an jedem Verkauf

Jetzt bei www.GRIN.com hochladen und kostenlos publizieren